AF338549

ÉDOUARD ROMBERG

UNE PAGE DES CENT-JOURS

LES JOURNAUX A GAND

EN 1815

DEUXIÈME ÉDITION

BRUXELLES
P. WEISSENBRUCH
IMPRIMEUR DU ROI, ÉDITEUR
RUE DU POINÇON, 45

PARIS
GUILLAUMIN & Cie
LIBRAIRE-ÉDITEUR
14, RUE RICHELIEU, 14

1896

UNE PAGE DES CENT-JOURS

ÉDOUARD ROMBERG

UNE PAGE DES CENT-JOURS

LES JOURNAUX A GAND

EN 1815

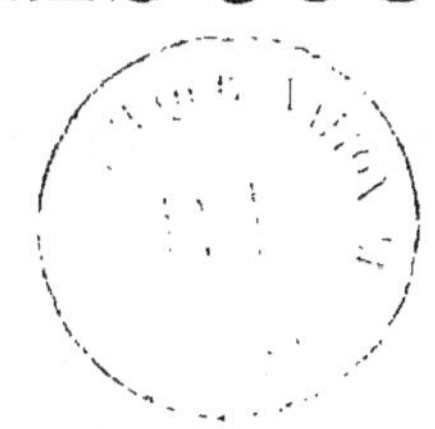

BRUXELLES | PARIS

P. WEISSENBRUCH | GUILLAUMIN & Cⁱᵉ

IMPRIMEUR DU ROI, ÉDITEUR | LIBRAIRE-ÉDITEUR

45, RUE DU POINÇON, 45 | 14, RUE RICHELIEU, 14

1896

La publication de journaux, à l'état rudi-
mentaire, date de très loin en Belgique. Elle
faisait l'objet d'un privilège spécial du souverain ou de son représentant.

Le premier privilège connu est de 1605.
Albert et Isabelle-Claire-Eugénie, archiducs
d'Autriche, accordèrent à l'imprimeur juré,
Abraham Verhoeven, demeurant à Anvers,
« l'autorisation exclusive d'imprimer et de
graver sur bois et sur planches de cuivre, et
de vendre, dans tous les pays soumis à leur

obéissance, toutes les victoires, sièges et prises
de villes et de châteaux qui se feraient pour
Sa Majesté Impériale..., ainsi que toutes les
nouvelles venant de la Hollande, du Brabant
et des provinces d'outre-Meuse (¹). „

Le journal, comme nous l'entendons aujour-
d'hui, prend une forme plus précise dans
l'octroi conféré en 1667 par Charles II, roi
d'Espagne, „ au sieur Adrien Foppens, doc-
„ teur en médecine, de la charge de gazettier,
„ venue à vacquer par le trespas de feu le
„ docteur ès-droits Pierre Hugonet, en oc-
„ troyant audit Foppens qu'il puisse et pourra
„ seul, à l'exclusion de tous autres, en toutes
„ provinces par-deça (en dehors de l'Espagne),
„ faire composer et traduire toutes les rela-
„ tions, advis, lettres et récits de tout ce qui
„ se passe et se passera en ces pays et
„ ailleurs, tant aux affaires de la guerre
„ qu'autres, en langage flamand, français et
„ autres... „.

(¹) *Essai historique et critique sur les journaux belges*,
par ANDRÉ WARZÉE. Gand, 1845.

Au XVIIIe siècle, il fallait encore, dans les provinces belges, une licence spéciale pour publier un journal, et le droit qu'elle conférait était plus ou moins limité par les autres licences ou privilèges existants. Elle n'empêchait pas, d'ailleurs, la censure civile et ecclésiastique, l'une et l'autre peu tendres pour les écrivains. Cependant, le gouvernement autrichien, sous la domination duquel la Belgique était placée, se montra assez tolérant pour les écrivains, surtout pendant les dernières années de son pouvoir. Les philosophes et les encyclopédistes français venaient, sous les règnes de Joseph II et de Léopold II, se faire imprimer à Bruxelles et aussi à Liége, et lorsque la cour de Bruxelles ou le prince-évêque de Liége devenaient moins accommodants, les imprimeurs transportaient leurs presses et les auteurs leurs manuscrits dans le duché de Bouillon. C'est là que Pierre Rousseau, de Toulouse, fonda la fameuse *Société typographique*, qui occupait huit presses, dont quatre pour le service des journaux, et qu'il édita

le *Journal encyclopédique*, d'abord publié à
Liége, auquel collaborèrent d'Alembert,
J.-J. Rousseau, Chamfort, Bret, les deux
frères Naigeon, etc.

Cependant, le nombre de gazettes publiées
en Belgique, au moment de la Révolution,
était important. Bruxelles en comptait au
moins une dizaine, en 1790, et chacune des
principales localités du pays avait son journal,
sans parler de la circulation très active des
feuilles étrangères ([1]).

En 1792, lors de la première occupation de
la Belgique par les armées françaises, à la
suite des victoires de Dumouriez, les vain-
queurs y proclamèrent la liberté, malheureusement toute platonique, de manifester et
publier ses opinions, inscrite dans la Constitution du 3 septembre 1791. La domination
française, interrompue pendant une période
de quinze mois, fut rétablie après la bataille
de Fleurus. La loi du 9 vendémiaire an IV

([1]) PAUL VERHAEGEN, *Essai sur la liberté de la Presse
en Belgique durant la domination française*. Bruxelles, 1893.

(1er octobre 1795) décréta la réunion définitive de la Belgique au territoire français. Quelques jours après, les représentants du peuple Perès, de la Haute-Garonne, et Portiez, de l'Oise, publièrent dans le pays annexé la Constitution du 15 thermidor an III, laquelle accordait la liberté « de dire, d'écrire et d'imprimer sa pensée ». Cette liberté était, encore une fois, illusoire, dans les provinces conquises aussi bien que dans l'État conquérant, et les faits venaient chaque jour en montrer le mensonge. La liste est longue des journaux suspendus ou supprimés, des imprimeurs et des écrivains inquiétés ou emprisonnés, sous les divers régimes qui se succédèrent pendant la réunion de la Belgique à la France. Pour donner quelques exemples de ces vexations, le 7 juillet 1794, la publication du *Courrier de l'Escaut*, de Malines, est interdite, parce que ce journal avait imprimé le vers bien connu :

« Le premier qui fut roi, fut un soldat heureux. »

Le 25 janvier 1793, le Club des jacobins

de Bruxelles adressa une lettre de remontrances au rédacteur d'une feuille d'annonces qui avait publié l'avis de la vente d'un cheval chez le comte de Villegas de *Saint-Pierre*, « nom attentatoire à l'égalité des citoyens ».

Quelques jours après le coup d'État du 18 fructidor, un arrêté du Directoire supprime quatre journaux de Bruxelles et de Liége, et décrète trois journalistes de déportation Un des journalistes frappés mérite une mention à part, Delloye, de Liége, qui subit sept arrêtés de suppression et changea quinze fois le titre de son journal avant de se déclarer vaincu. Les trois journalistes belges condamnés à la déportation furent de Braekenier (*l'Impartial bruxellois*), Morneweck (*l'Impartial européen*), et Urban (*Esprit des gazettes*). Morneweck eut la chance de s'échapper; de Braekenier resta détenu à la citadelle de l'île de Ré jusqu'au 3 avril 1800; Urban fut incarcéré à la Force, à Paris (1).

(1) *De la domination française en Belgique*, par L. DE LANZAC DE LABORIE. Paris, 1895, tome Ier, p. 140.

A Gand, l'imprimeur Dollé avait fait paraître au mois de nivôse an VI un journal flamand, sous le titre de *Gazette van Belgis*. Après le troisième numéro, il reçut de l'administrateur de police l'ordre de remplacer le mot de *Belgis*, « parce qu'il rappelait aux Français « *les anciens temps de barbarie* », et la *Gazette van Belgis* devint la *Vlaemsche gazette* (¹). Un autre journal gantois, la *Gazette van Gent*, qui existait depuis 1667, fut supprimé par les autorités.

Les journaux ne furent pas traités avec plus de faveur pendant le Consulat et sous l'Empire. Fouché, ministre de la police, avait dit dans une déclaration du 18 brumaire an VIII : « Le Corps législatif vient de saisir la liberté « sur le bord du précipice pour la replacer « sur d'inébranlables bases. » La presse ne s'aperçut pas, en Belgique, que la liberté eût repris son équilibre. Limitation du nombre des journaux, fixation stricte des matières

(¹) *Mélanges historiques et anecdotiques de la ville de Gand*, par Prosper Claeys. Gand, 1895, p. 201.

qu'il était permis à chacun de traiter, inter-
diction de se servir indifféremment du français ou du flamand, censure officielle, suppression des journaux hostiles ou seulement
accusés de tiédeur, emprisonnement des
journalistes récalcitrants, tel était le système
pratiqué envers le journalisme. Quelques pré-
fets, entre autres Voyer d'Argenson et le
marquis de la Tour du Pin, essayèrent d'y
apporter des ménagements, mais le pouvoir
central avait l'œil à tout et descendait aux
détails les plus infimes (1).

(1) Le gouvernement avait accordé au département de
l'Escaut, dont le chef lieu était Gand, un journal politique
et un journal d'annonces; il avait concédé le premier à
l'imprimeur Bogaerts et le second à Mme Houdin. M. de
Pommereul, directeur général de l'imprimerie et de la
librairie, à Paris, écrivit d'office, le 19 février 1812, au
préfet, pour faire réprimander Bogaerts, qui s'était permis
de publier le cours du change et les prix courants
de marchandises, dans son journal, *soi-disant politique*, au mépris du privilège réservé pour les annonces
à Mme Houdin.

La censure s'exerçait même sur les almanachs. On con-
serve dans les archives provinciales de l'ancien départe-

Ce système de compression dura jusqu'aux derniers moments du régime impérial, et les troupes alliées avaient déjà envahi la Belgique que l'*Oracle*, de Bruxelles, insérait des articles communiqués qui représentaient Napoléon comme toujours victorieux. C'était, du reste, pour l'empereur un cruel chagrin de perdre des provinces que les victoires des armées républicaines avaient données à la France. " Jamais, écrivait-il, le 21 février " 1814, à l'empereur d'Autriche, jamais je ne " céderai Anvers ni la Belgique. " Le même jour, il faisait conseiller à l'impératrice-régente, par le roi Joseph, d'adresser aux Belges, sous forme de lettre aux maires des chefs-lieux, une proclamation dénonçant le dessein des alliés de les soumettre " au joug

ment de l'Escaut, la correspondance échangée, en 1810, entre le préfet du département et le comte Portalis, alors directeur général de l'imprimerie et de la librairie, au ministère de l'intérieur, au sujet de la publication d'un almanach, le *Snoeck's almanach*, presque aussi séditieux que le *Mathieu Laensberg* ou le *Triple Liégeois*.

" d'un prince ennemi, de tout tems, de leur
" pays et de leur religion (¹). "

Un arrêté du 23 septembre 1814, de Guillaume d'Orange-Nassau, prince souverain des
Pays-Bas, abrogea " dans le " gouvernement
" de la Belgique, les lois et règlements éma-
" nés, pendant le gouvernement français, sur
" l'imprimerie et la librairie, en y compre-
" nant tout ce qui concerne les journaux ".
Les éditeurs de ceux-ci étaient, toutefois,
obligés de se munir d'une autorisation, qui ne
leur était accordée que s'ils justifiaient, d'une
manière satisfaisante, qu'ils avaient au moins
trois cents souscripteurs. Les feuilles littéraires étaient exemptées de cette dernière con-
dition. Chacun était responsable de ce qu'il
écrivait ou publiait; la responsabilité de l'imprimeur n'existait que si l'écrivain n'était point
connu. Ce n'était pas encore la liberté, mais
ce n'était plus le bon plaisir et l'arbitraire.

(¹) *Correspondance de Napoléon*, tome XVII, p. 214
et 229.

La rapide esquisse qu'on vient de lire, des premiers temps du journalisme en Belgique, surtout pendant la période où ce pays fut annexé à la France, bien que ne se rattachant pas très directement à notre sujet, nous semble présenter un intérêt suffisant pour que n'ayons pas à nous excuser de ce hors-d'œuvre.

On lisait en tête du *Moniteur universel*, du
21 mars 1815 :

Paris, 20 mars.

« Le roi et les princes sont partis pendant
la nuit.

« S. M. l'Empereur est arrivé ce soir dans
son palais des Tuileries. »

On sait que Louis XVIII se dirigea d'abord
sur Abbeville, et que de là il se rendit à Lille,
où, bien reçu par la population, mais mal

2

accueilli par les troupes, il reconnut, en apprenant les nouvelles de Paris, la nécessité de quitter la France (¹). Le désir secret du roi était de passer en Angleterre, mais cet acte lui fut déconseillé comme impolitique, et il se dirigea vers la frontière belge, qu'il franchit à Menin, d'où il se rendit à Gand.

Le roi arriva dans cette ville, où *Monsieur* et le duc de Berry l'avaient précédé, le 30 mars 1815, à 5 heures de l'après-midi. Il était vêtu d'un costume bleu céleste, et était assis au fond d'une voiture de gala, attelée de six chevaux; il fut complimenté par le bourgmestre, le comte Philippe de Lens, à la porte de Bruges, où se trouvaient réunies les quatre grandes *guildes* ou chefs-confréries de

---

(¹) Le roi gardait le mot plaisant, même dans les moments les plus critiques. On lui avait volé son porte-manteau, dans le trajet de Paris à Lille. « On m'a pris mes chemises, » dit-il au maréchal Macdonald (*Souvenirs,* page 376), je » n'en avais déjà pas trop. » Puis il ajouta tristement : « Ce sont mes pantoufles que je regrette davantage. Vous » saurez un jour, mon cher maréchal, ce que c'est que la » perte de pantoufles qui ont pris la forme des pieds. »

la ville. Louis XVIII, escorté par des déta-
chements de soldats belges et hanovriens,
s'installa immédiatement à l'hôtel du comte
d'Hane de Steenhuyse, rue des Champs, au
centre de la ville (¹).

Le propriétaire de l'hôtel de Steenhuyse
était intendant (gouverneur) de la province de
la Flandre orientale, chambellan du roi des
Pays-Bas, membre de la première Chambre
des États-Généraux. Sa femme était la com-
tesse Isabelle Rodriguez d'Evora y Vega.
Louis XVIII ne fut pas tout à fait l'hôte im-
prévu du comte d'Hane de Steenhuyse. Déjà,
plusieurs années auparavant, celui-ci avait
offert au roi, alors comte de Provence, de

(¹) Une relation manuscrite des faits du jour, que l'on
peut lire à la bibliothèque de la ville de Gand, rapporte
que Louis XVIII fit preuve d'un appétit extraordinaire,
au dîner, qui eut lieu à 6 heures, à son arrivée. Après un
très copieux menu, il se fit servir encore un cent d'huîtres,
à la grande admiration de la foule, qui pouvait voir dîner le
roi ; la salle à manger, au rez-de-chaussée, donnait sur la
rue. On dut prendre dans la suite des mesures de police
pour empêcher cette curiosité indiscrète.

mettre son hôtel à sa disposition si jamais les circonstances l'amenaient à faire un séjour à Gand. Louis XVIII se rappela cette démarche fort à propos. L'hôtel avait déjà reçu, mais pour beaucoup moins de temps, une autre visite princière; en 1811, le roi Jérôme et la reine de Westphalie y étaient venus loger. Le 29 juin 1814, l'empereur Alexandre Ier s'y était arrêté pendant quelques heures, et au mois de février 1815, le prince d'Orange, le futur roi des Pays-Bas, y fut traité magnifiquement et y demeura jusqu'au lendemain. C'est une vaste et assez belle construction, dans le style du siècle dernier, très ornée de peintures, et dont le parquet du salon principal était fort renommé par sa marquetterie dans le goût italien. On y voyait plusieurs œuvres d'art intéressantes, entre autres un *Christ à l'agonie*, en ivoire, par Duquesnoy, et deux bons tableaux de Breughel de Velours, l'*Eau* et le *Feu* (1). L'hôtel où résida Louis XVIII et qui

(1) *Geschiedenis van de Gemeenten der Provincie Oost-Vlaenderen, Zevende reeks.* Gent, 1886.

vit passer Charles X, alors duc d'Artois, la duchesse d'Angoulême, lord Wellington, Chateaubriand, Guizot et beaucoup d'hommes marquants de la Restauration, est aujourd'hui en partie transformé en magasin d'épiceries.

Au moment de l'arrivée du roi Louis XVIII à Gand, deux journaux politiques paraissaient dans cette ville : l'un, quotidien, rédigé en français, le *Journal de Gand*, dont l'éditeur-imprimeur était J.-N. Houdin ; l'autre, bi-hebdomadaire, publié en langue flamande, la *Gazette van Gent*, qui avait pour éditeur M. Bogaerts-De Clercq (¹)·

Le premier, de date récente, avait remplacé le *Journal du Commerce* fondé en 1802. Il n'avait pas d'article politique, comme le moindre journal d'aujourd'hui en publie, mais

(¹) Une police très sévère s'exerçait à Gand sur les journaux étrangers à la ville. " M. de Blacas ne veut pas pour " un diable me donner les journaux qui sont ici extrême- " ment défendus, " écrivait, le 2 avril, à Talleyrand, M. de Jaucourt, qui était pourtant le ministre des affaires étrangères de Louis XVIII.

la manière dont les nouvelles étaient présen-
tées indiquait clairement les tendances de la
rédaction. Pendant l'Empire, le *Journal du
Commerce* s'était montré assez favorable à
l'administration officielle, qui, de son côté, lui
témoigna du bon vouloir. L'éditeur, M. Houdin, était d'origine française; il avait été véri-
ficateur de l'enregistrement à Middelbourg,
en Zélande. C'était au nom de Mme Houdin
que le privilège de publication fut accordé.

Lors de la chute du régime impérial, le
Journal de Gand, tout en suivant le courant
général de l'opinion en Belgique, ne donna
pas dans les violences de langage de beaucoup de journaux. Pendant le séjour de
Louis XVIII à Gand, il remplit, jusqu'à un
certain point, le rôle d'organe officieux du roi
et de son gouvernement. Il reproduisait tous
les documents officiels de celui-ci et publiait
avec complaisance les nouvelles des princes et
de la cour. Le ton royaliste du *Journal de
Gand* fut relevé avec aigreur par le *Journal de
l'Empire*, qui prétendit que le *Journal de Gand*

était rédigé dans le cabinet de Louis XVIII. Il arriva même à cette feuille d'être plus royaliste que le roi, et de reproduire l'opinion absolutiste de M. de Blacas, plutôt que celle de la partie modérée du conseil. Ainsi, il inséra une correspondance hostile à la liberté de la presse, contre laquelle le *Journal universel*, l'organe officiel, dont nous parlerons plus loin, crut devoir protester.

La *Gazette van Gent* était également favorable au vieux monarque. Voici comment elle décrivait l'accueil que lui fit, à son entrée, la population gantoise : " Jamais on n'entendit
" des acclamations aussi générales et aussi
" vives, d'autant plus émouvantes qu'elles
" étaient l'expression cordiale d'une réelle
" sympathie pour l'infortune d'un si bon roi.
" Des cris, longtemps prolongés, de *vive Louis*
" ne cessaient de retentir sous les fenêtres de
" l'hôtel d'Hane de Steenhuyse, après que le
" roi y fut arrivé; il dut se montrer plusieurs
" fois à la foule. Le salon étant au rez-de-
" chaussée, Sa Majesté échangea même des

« poignées de main avec les assistants. »

Mais Louis XVIII ne pouvait évidemment se contenter de ces feuilles locales pour parler à la France et à l'Europe. Ce n'était plus le prétendant, chevalier errant de la Légitimité, qui allait chercher en Allemagne, en Russie et en Angleterre un asile et une hospitalité qui lui furent, plus d'une fois, contestés durement et même refusés. C'était un souverain reconnu par toutes les puissances, que la fortune politique avait contraint momentanément (il le pensait du moins, et c'était la croyance plus générale chaque jour) de se retirer dans une ville étrangère, aux confins de son royaume, suivi de sa cour, environné de ses ministres, et voyant son autorité relevée par la présence du corps diplomatique accrédité auprès de sa personne. Louis XVIII était entouré de tout l'appareil extérieur et personnel de la royauté : la messe dite le matin par le grand aumônier, le cardinal de Talleyrand Périgord, dans l'oratoire privé, où le monarque se rendait, escorté par six gardes du corps; la messe le dimanche à midi, à la cathédrale de Saint-Bavon, où le roi avait sa place dans le chœur, et dont le clergé recevait Sa Majesté, en cérémonial, à la porte du temple, et le reconduisait à sa sortie; le grand couvert, où les jolies bourgeoises de la ville étaient admises à circuler autour de la table et à contempler Sa Majesté découper de ses mains le rôti, avec « une rare dextérité », comme le raconte M. Beugnot dans ses *Mémoires;* les promenades du roi l'après-dîner, quand il n'était pas retenu par la goutte dans ses appartements, en carrosse à six chevaux, avec le premier gentilhomme de la chambre et le cortège des gardes; les concerts dans lesquels Mᵐᵉ Catalani, la grande cantatrice italienne, chanta devant un auditoire où brillaient la belle duchesse de Lévis, Mᵐᵉ de Rauzan (la charmante Clara, comme la nommait Chateaubriand), Mᵐᵉ de Duras, l'*Atala des salons,* suivant l'expression piquante de Louis XVIII, et à l'influence de laquelle l'auteur du *Génie du Christianisme* dut d'être nommé ministre

à Stockholm, poste qu'il n'occupa jamais.
Nous ne parlons pas du *whist* de *Monsieur* (le
futur Charles X), qui pouvait se croire au
pavillon Marsan, ni de la petite armée royaliste en miniature, cantonnée à Alost et
dans les environs, sous le commandement du
duc de Berry (¹), et à laquelle la duchesse
d'Angoulême et le duc de Wellington firent
l'honneur de la passer en revue. M. Grattan,
dans son fameux discours du 25 mai 1815,
à la Chambre des communes, avait trouvé
le mot juste en disant que " la famille des
Bourbons représentait une grandeur déchue,

(¹) Le duc de Berry occupait, à Alost, une maison appar-
enant à la famille Lefebvre, qui fut anoblie par Louis XVIII.
Tous les matins, à 7 heures, il partait pour Gand et il était
de retour dans la journée, après avoir franchi 16 kilomètres.
Le duc de Berry tenait de son aïeul le roi vert-galant, au
moins par un certain côté, et sa descendance de la main
gauche passe pour exister toujours à Alost. Il rendit à la
ville un service plus sérieux en contribuant à faire restituer
le célèbre tableau de Rubens, *Saint Roch et les Pestiférés,*
qui avait été enlevé de l'église Saint-Martin, pendant
l'Empire, pour être placé au musée du Louvre.

ou, pour mieux parler, *momentanément sus-
pendue* (¹) ".

Mais, à côté de la cour, il y avait le gouvernement. Louis XVIII s'était déclaré prince
constitutionnel. Il avait une politique intérieure et une politique étrangère. Celle-ci,
pour le moment, Talleyrand la conduisait, à
Vienne, d'une main assez habile, auprès des
souverains qui étaient alliés beaucoup plus
contre Napoléon que, du moins quelques-uns
d'entre eux, en faveur de Louis XVIII. La
politique intérieure était débattue, à Gand,
non sans tiraillements, dans le conseil du roi,
entre les *ultras* et les modérés. Les premiers,
dont M. de Blacas était le chef, prétendaient
que, si on les avait écoutés davantage, les
choses eussent mieux tourné pour les Bourbons; les autres, MM. de Jaucourt, M. Beugnot, Chateaubriand, etc., se montraient
convaincus que, si la France avait vu avec

(¹) *The Parliamentary debates*, vol. XXXI, p. 427.

indifférence crouler un trône dont elle avait d'abord salué avec sympathie le rétablissement, c'est qu'elle était écœurée et indignée par les complaisances envers les émigrés, par le mépris des services rendus au pays pendant la Révolution et l'Empire, par l'abaissement de la Légion d'honneur et la disparition du drapeau tricolore, par de nombreuses atteintes aux intérêts privés, même les plus respectables, lorsqu'ils étaient en conflit avec ceux des revenants de Coblentz (¹).

Il fallait nettement prendre parti entre ces deux courants opposés, de manière qu'aucune équivoque ne subsistât le jour où Louis XVIII

(¹) « En dépit des circonstances et d'une chance commune, écrit le comte Beugnot (*Mémoires*, Paris, 1889, p. 566), les deux partis vivaient séparés. Les individus se rencontraient chez le roi, au spectacle, à la promenade ; ils se traitaient réciproquement avec une politesse bienveillante, mais il n'y avait pas de réunions pour la table, le jeu, ou seulement pour la conversation. Les mœurs de la première émigration avaient reparu dans toute leur naïveté. On eût dit de l'année que nous venions de passer en France comme d'un bal masqué, après lequel, une fois dehors, chacun jette son masque et reprend son habit accoutumé. »

se retrouverait en présence de la nation. Ce
fut, on le sait, l'objet du célèbre rapport de
M. de Chateaubriand, dont l'insertion dans le
Journal universel du 12 mai impliqua l'adhé-
sion formelle donnée par le roi aux principes
d'une sage liberté, à commencer par celle de
la presse, et d'une politique conforme aux
tendances de la société moderne. On voulait
encore ne pas laisser aux seuls journaux bonapartistes la parole pour raconter les efforts de
résistance qui s'étaient produits contre Napoléon, à la suite de son retour, en Vendée, à
Bordeaux, à Toulouse, etc. Il fallait aussi
répondre aux attaques du *Journal de l'Empire*, contre celui qu'il nommait le *Comte de
Lille et de Gand*. Enfin, à part toute autre
considération, Louis XVIII entendait faire
acte d'autorité souveraine en ayant son *Moniteur*, comme Napoléon avait le sien, et dater
ses ordonnances de la vingtième année de son
règne.

Telle fut l'origine du *Moniteur universel*,
qui, dès son second numéro, abandonna ce

titre pour prendre celui de *Journal universel*.

Comme nous l'avons dit, d'après un arrêté
du gouvernement néerlandais du 23 septembre 1814, aucun journal ne pouvait être publié
en Belgique, à moins d'une autorisation spéciale. Louis XVIII et ses conseillers avaient
évidemment à tenir compte de cette disposition ; et, même s'ils avaient pu l'ignorer, de
hautes convenances leur eussent imposé le
devoir de ne point faire paraître un journal tel
que celui qu'ils se proposaient de fonder sans
avoir pressenti les intentions du gouvernement du pays où il devait être publié. M. de
Blacas, ministre de la maison du roi, fit part
du projet à M. de Fagel, accrédité comme
ministre des Pays-Bas auprès du roi de
France. M. de Fagel répondit à cette com-
munication, qui paraît avoir été verbale, par
une lettre où il est dit : « Le conseil général
» de l'intérieur trouve des difficultés à la
» publication d'un journal qui contiendrait
» des actes officiels qui ne seraient pas ceux

" du pays où il s'imprimerait (¹); c'est la seule
» objection au projet dont Votre Excellence
" m'a fait l'honneur de m'entretenir. " Cette
lettre porte la date du 7 avril, dans la citation
qu'en fait M. Alfred Nettement, dans son
Histoire de la Restauration, d'après les *Papiers
publics de* M. de Blacas. Cependant, le premier
numéro du journal, paru le 14 avril, porte le
titre de *Moniteur universel*, auquel celui de
Journal universel est substitué dans le numéro
suivant, du 18 avril. Faut-il en conclure que
la date du 7 avril, attribuée par M. Nettement
à la lettre de M. de Fagel, d'après les *Papiers
publics* de M. de Blacas, est erronée? Au
fond, il n'a pas été satisfait aux observations
du gouvernement néerlandais par le simple
changement de titre du journal, quoique, à
la rigueur, on puisse supposer qu'il en fût
d'abord tenu compte, les deux ordonnances

(¹) Nous avons vainement recherché la correspondance
diplomatique de M. de Fagel, aux archives générales de
Belgique, dans celles du ministère des affaires étrangères, à
Bruxelles, et aux archives officielles de la Haye.

royales insérées dans le *Moniteur universel* du 14 avril portant la date (inexacte d'ailleurs) de Lille, le 23 mars 1815 ([1]).

Mais plusieurs numéros postérieurs du *Journal universel* renferment d'autres actes officiels, notamment la *Déclaration* du roi à la France, du 2 mai, l'ordonnance royale du

---

([1]) Il est certain que Louis XVIII n'avait pas fait ces ordonnances avant de quitter le territoire français, où le temps ne lui aurait pas manqué pour les promulguer et les publier. Elles prescrivaient le refus du payement de l'impôt à Napoléon et défendaient aux Français de le servir.

Louis-Philippe, dans l'ouvrage sur les événements de 1815 (*Mon journal*, I, p. 260), dit : " Je ne saurais croire que si ces ordonnances avaient été réellement rendues à Lille, le roi ne les eût pas communiquées aux ducs de Trévise ainsi qu'à moi, lorsque nous lui avons demandé les ordres qu'il voulait nous laisser en partant. Il avait répondu au duc de Tarente : " Vous ferez ce que les circonstances vous indiqueront ", et prévoyant même que ces circonstances mettraient le maréchal dans la nécessité de substituer la cocarde tricolore à la cocarde blanche, il avait ajouté : " Faites-le, et quelle que soit la cocarde que vous portiez à votre chapeau, je suis bien sûr que vous conserverez la mienne dans votre cœur et que vous la reprendrez dans l'occasion. "

17 mai, contresignée par le duc de Feltre, ministre de la guerre, instituant une médaille de la *Fidélité*, pour les Français qui n'ont pas déserté la cause légitime, etc. Toutefois, il est à remarquer que ces dispositions, au lieu d'être imprimées, comme les premières, en tête du journal, à la place ordinairement réservée aux actes officiels, figurent sous la rubrique : *Affaires de France*, dans le corps du journal. Il y avait là une concession, au moins appa-rente, aux objections du gouvernement néer-landais.

L'autorisation nécessaire pour faire paraître le journal fut accordée par un arrêté royal du 20 avril 1815 ([1]).

Le *Journal universel* paraissait en quatre pages (auxquelles s'ajoutaient assez souvent des suppléments), dans le format *in-folio*, le mardi et le vendredi de chaque semaine, chez

([1]) Cet arrêté n'a pas été inséré dans le *Journal officiel du gouvernement de la Belgique*, qui donne les titres de onze autres journaux dont la publication a été autorisée en 1815.

M. J.-N. Houdin, rue de la Catalogne. Le prix de l'abonnement était de douze francs pour trois mois, de vingt-deux francs pour un semestre et de quarante francs pour l'année. On prévoyait donc que l'existence du journal pût être assez longue. Heureusement pour Louis XVIII, sa publication n'atteignit pas la fin du premier trimestre. Il n'est pas téméraire de supposer que le roi ni ses fidèles ne protestèrent contre l'interruption du service avant le terme. La mention des abonnements semestriels et annuels se trouve encore sur le dernier numéro, le n° 20, paru le 21 juin, trois jours après la bataille de Waterloo ([1]).

([1]) On rencontre assez difficilement l'édition originale du *Journal universel*, mais il a été réédité deux fois : d'abord en 1825, à l'imprimerie du *Moniteur*, comme un appendice à la feuille officielle, ensuite en 1834, dans le format et avec une composition typographique absolument semblables à la publication primitive, dont cette reproduction forme un fac-simile exact. Cette réimpression a été faite par Dumoulin, officier d'ordonnance de l'empereur, qui, en rappelant la collaboration au *Journal universel* de quelques-uns des hommes qui servaient la monarchie libérale de Juillet, croyait les signaler au mépris public.

Les frais d'impression du journal étaient payés par la cassette du roi. M. Louis, ministre des finances, aurait éprouvé quelque embarras à y subvenir à l'aide des ressources du trésor public. Le gouvernement était hors d'état de suffire à la dépense des services les plus essentiels. Le prince de Talleyrand se plaignait directement, de Vienne, à Louis XVIII (lettre du 5 mai), de n'avoir rien reçu depuis le 21 mars, et d'avoir dû solliciter la bienveillance des ministres anglais qui n'avaient autorisé qu'une avance de cent mille francs dans un cours de six mois. Les ministres du roi très chrétien étaient réduits eux-mêmes à la portion congrue. MM. Beugnot et Louis avaient réuni, par économie, leurs ménages en un seul. Ils dînaient à table d'hôte à trois francs par tête, déjeunaient avec une tasse de lait et soupaient d'un verre d'eau sucrée ([1]).

Pour la direction du *Journal universel*, on avait sous la main un journaliste de premier ordre, M. Bertin l'aîné. On sait que, acqué-

---

([1]) *Mémoires du comte Beugnot*. Paris, 1889, p. 560.

reur, en 1799, avec son frère M. Bertin de Vaux, du *Journal des Débats*, fondé par Baudouin, il avait vu sa propriété confisquée par un décret impérial du 18 février 1811, lequel en disposa arbitrairement. Les frères Bertin avaient quitté la France en même temps que Louis XVIII. M. Bertin de Vaux, arrivé à Tournai, ne tarda pas à rentrer à Paris; mais M. Bertin l'aîné, qui s'était d'abord rendu à Bruxelles, fut appelé par le roi à Gand pour prendre la direction du *Journal universel* (¹).

Les rédacteurs les plus habituels paraissent avoir été MM. de Lally-Tollendal et de Pradels. Gérard, marquis de Lally-Tollendal, était fils du fameux comte de Lally-Tollendal, qui fut décapité en 1764 pour avoir prétendûment trahi les intérêts de la France comme gouver-

---

(¹) M. Bertin vivait dans une grande intimité avec Chateaubriand. « Il s'assurait dès lors, sur le *Journal des Débats*, dit M. Guizot, dans ses *Mémoires*, cet empire dont il devait faire plus tard un si puissant usage. » Ils habitaient, à Gand, la même maison, rue de la Croix.

neur de ses possessions dans l'Inde. Le marquis de Lally-Tollendal avait été député de la
noblesse de Paris aux États-Généraux. Il fut
membre de l'Académie française. C'était un
royaliste éclairé et modéré. Sa rédaction, facile
et nette, était fort goûtée par Louis XVIII et
dans l'entourage du souverain. M. de Jaucourt,
ministre des affaires étrangères, écrivait le
23 avril à M. de Talleyrand :

« J'ai l'honneur de vous envoyer plusieurs
« exemplaires d'un journal que nous faisons
« paraître ici, sous le titre de *Journal uni-*
« *versel*. Vous y reconnaîtrez la plume de
« M. Lally (Lally-Tollendal). Dans deux
« jours il paraîtra un manifeste fait par lui,
« qui précédera la déclaration que doit faire le
« roi au moment de son entrée sur le sol
« français. Il a été lu hier au conseil du roi,
« lequel se compose de MM. de Blacas, de
« Feltre et de moi, et de MM. de Lally et de
« Chateaubriand. Ce matin il a été lu au
« général de Pozzo di Borgo (ambassadeur de
« Russie), qui en a été fort satisfait, et qui le

« portera demain au duc de Wellington »
(lequel se trouvait alors à Bruxelles).

M. de Pradels ([1]) était aussi une des plumes
dont se servait Louis XVIII, ainsi qu'en
témoigne ce passage d'une des lettres de
M. de Jaucourt à M. de Talleyrand : « Au
« conseil (6 mai), s'est lue une déclaration
« proposée par Pozzo, rédigée un peu par
« M. de Pradels, revue, retouchée et arrêtée
« par le roi. » On voit que Louis XVIII exerçait, en définitive, les fonctions de « directeur
politique » du *Journal universel*, et ce n'est
pas la seule preuve que nous pourrions en
donner. Quant à Pozzo di Borgo, dominé par
sa haine contre Napoléon ([2]), il dépassait de

([1]) Jules, comte de Pradels, né en 1782, mort en 1857,
avait émigré au cours de la Révolution ; il accompagna
Louis XVIII à Gand et rentra avec lui en France. Il fut
de l'Académie des beaux-arts.

([2]) « N'oubliez pas », disait M. de Fontanes à Villemain,
a veille de la rentrée de Napoléon aux Tuileries, « la pré-
« sence de M. de Talleyrand à Vienne, et le souffle de
« haine et d'effroi qu'il répand, *à l'égal de Pozzo*, et avec
« l'autorité d'une ancienne confidence et d'une rupture

beaucoup, dans cette collaboration aux mani-
festes de la cour de Gand, les intentions de
l'empereur Alexandre, comme en fait preuve
sa correspondance avec M. de Nesselrode ([1]).

Il y avait, à cette époque, à Gand, un per-
sonnage assez singulier, doué d'un tempéra-
ment de journaliste, ainsi qu'il le montra plus
tard, en collaborant activement à la rédaction
du *Drapeau blanc* et de la *Quotidienne*, et qui
ne demeura pas étranger à celle du *Journal
universel* : c'était le baron Ferdinand d'Eckstein, né à Copenhague en 1790. Après avoir
abjuré le protestantisme à Rome, à l'âge de
17 ans, il servit dans le corps franc de Lutzow
contre la France, devint officier en Hollande
et fut chargé par le roi Guillaume de la direc-

« implacable. Je sais qu'il demandait depuis deux ans
« l'envoi de l'empereur loin de l'île d'Elbe, dans une rési-
« dence transatlantique, mieux gardée ». (*Souvenirs contemporains*, par M. VILLEMAIN. Seconde partie : *les Cent
Jours*, p. 39.)

([1]) *Correspondance diplomatique du comte Pozzo di Borgo*,
ambassadeur de Russie en France, et du comte de Nesselrode.
Paris, 1890. Voir notamment, p. 145.

tion de la police à Gand, où il acquit les bonnes grâces de Louis XVIII, par son empressement à lui être agréable. Il quitta, à la seconde Restauration, le service de Hollande pour celui de France, fut successivement attaché au ministère de la police et aux Affaires étrangères, et, comme nous le disons plus haut, participa, à Paris, à la rédaction de feuilles ultra-royalistes. Nous avons trouvé la signature de M. d'Eckstein au bas d'articles publiés par le *Journal de Gand*, dans un sens très hostile à Napoléon. Ce singulier fonctionnaire néerlandais était, au fond, un agent peu déguisé de Louis XVIII. Il n'eut pas de scrupule à signer aussi de son nom une lettre très antibonapartiste dans le *Journal universel* du 5 mai.

Cette feuille publia des articles de MM. de Chateaubriand, de Jaucourt, Beugnot, de Vaublanc, de Sèze, etc., M. Guizot, qui n'arriva, du reste, à Gand que le 24 mai, envoyé par ses amis du parti constitutionnel, passe aussi pour y avoir écrit. Nous avons parlé du célèbre rapport de M. de Chateaubriand, inséré dans le numéro du 12 mai, sur l'état intérieur et extérieur de la France. Parmi les articles importants, Barbier, dans son *Diction- naire des ouvrages anonymes et pseudonymes,* attribue à M. de Lally-Tollendal « l'Examen des observations du *Journal de l'Empire* sur la déclaration du Congrès de Vienne, du 13 mars » ; à M. de Vaublanc divers articles de politique et de finance ; à Mme de Damas la première « Relation du séjour de la duchesse d'Angoulême à Bordeaux », et à M. de ˜èze, la seconde (1).

(1) Dans son étude sur Charles Nodier (*Portraits litté- raires,* tome I), Sainte-Beuve rapporte qu'au début des Cent-Jours Fouché avait fait venir Charles Nodier, auquel il demanda ce qu'il voulait de lui. Nodier aurait répondu : « Eh bien, donnez-moi 500 francs pour aller à Gand. » Il ne fit pas le voyage, mais, d'après Sainte-Beuve, il serait l'auteur d'un article intitulé *Bonaparte au 4 mai,* qui parut dans le *Moniteur de Gand* et dans le *Nain jaune.* Mme Menessier-Nodier reproduit, dans ses *Souvenirs,* les assertions de Sainte-Beuve, sans y rien ajouter. Nous avons cherché en vain dans le *Journal universel* l'article qu'il attribue à Charles Nodier.

Le *Journal universel* avait son comité de rédaction, qui se composait, comme nous l'avons dit, de M. de Jaucourt, M. de Blacas, Chateaubriand, M. de Lally et M. de Feltre. Lesréunions du comité avaient lieu, en général, après le dîner du roi : « Nous discourions,
« dit Chateaubriand (¹), autour d'une table
« couverte d'un tapis vert, dans le cabinet du
« roi. M. de Lally-Tollendal, qui était, je
« crois, ministre de l'instruction publique,
« prononçait des discours plus amples, plus
« joufflus encore que sa personne. Il citait ses
« illustres aïeux les rois d'Irlande, et embar-
« bouillait le procès de son père dans ceux de
« Charles Iᵉʳ et de Louis XVI. Il se délassait,
« le soir, des larmes, des sueurs et des pa-
« roles qu'il avait versées au conseil, avec une
« dame, accourue de Paris par enthousiasme
« de son génie ; il cherchait vertueusement à
« la guérir, mais son éloquence trompait sa
« vertu et enfonçait le dard plus avant. »

M. de Chateaubriand n'était pas moins

(¹) *Mémoires d'outre-tombe,* vol. III, p. 327.

amer sur le compte d'autres de ses collègues.
Voici pour l'abbé Louis, ministre des finances :
« M. l'abbé Louis était un prêtre concubi-
« naire, que sa spécialité financière avait con-
« duit à entasser l'argent des contribuables
« dans le Trésor, pour le faire prendre par
« Bonaparte. M. de Talleyrand, avec lequel
« il avait officié solennellement à la première
« Fédération, lui disait : « L'abbé, tu étais
« bien beau, en diacre, au Champ-de-Mars. »
Quelques portraits étaient plaisamment
esquissés : « Le chancelier de France,
« M. d'Ambray, habit vert, chapeau rond,
« un vieux roman sous le bras, se rendait au
« conseil pour amender la charte. Le duc de
« Lévis allait faire sa cour avec des savates
« débordées, parce que, fort brave et nouvel
« Achille, il avait été blessé au talon. »
Des traits de ce genre ne manquent pas
chez l'illustre écrivain ; l'ironie et la sensibilité
se mêlent fréquemment sous sa plume, et l'on
comprend l'impression de George Sand, écri-
vant : « Je lis les *Mémoires d'outre-tombe*, et

« je m'impatiente de tant de grandes poses et
« de draperies. L'âme y manque, et moi qui
« ai tant aimé l'auteur, je me désole de ne
« pouvoir aimer l'homme. On ne sait pas s'il
« a jamais aimé quelque chose ou quelqu'un,
« tant son âme se fait vide avec affecta-
« tion (¹). »

Le *Journal universel*, comme ceux qui
l'inspiraient et dont il défendait la cause, se
trouvait dans une situation fausse et pénible,
que l'on cherchait en vain à dissimuler ou à
atténuer, en ce qui touchait l'action des armées
étrangères pour aider à rétablir, une seconde
fois, le trône des Bourbons. Si les anciens
émigrés admettaient ouvertement ce con-
cours, il ne manquait pas d'âmes vraiment
françaises, dont cette perspective froissait tous
les sentiments. « Situation profondément dou-
« loureuse, écrit M. Guizot (²), que j'acceptais

(¹) Lettre de George Sand, citée par Sainte-Beuve dans
ses *Causeries du lundi*, t. I, p. 356.

(²) GUIZOT, *Mémoires pour servir à l'histoire de mon
siècle*, t. I, p. 89.

« pour servir la cause que je croyais et n'ai
« pas cessé de croire bonne, mais dont je
« discutais, à toute heure du jour, toutes les
« tristesses ». A Gand, lit-on dans les *Mé-*
moires du comte Beugnot, « le parti de la cour
« plaçait tout son espoir dans les armes étran-
« gères. Plusieurs d'entre nous (et j'étais du
« nombre) ne partageaient pas ce sentiment,
« puisque le plus ardent de nos vœux eût été
« que la France ne dût rien qu'à elle-même.
« Rendons justice à Louis XVIII : il eût
« partagé ces désirs, s'il eût été possible de
« les réaliser. » M. de Chateaubriand ne par-
lait pas un autre langage dans son rapport au
roi, publié le 12 mai : « Sire, nous partageons
« en ce moment votre royale tristesse ; il n'y
« a pas un de vos conseillers et de vos minis-
« tres qui ne donnât sa vie pour prévenir l'in-
« vasion de la France. » Et l'illustre écrivain
ajoute, dans ses *Mémoires*, comme réflexion
personnelle : « Je n'étais pourtant qu'un banni
« dont les vœux étaient en contradiction avec
« les faits qui me pouvaient rouvrir les portes

« de ma patrie. » Ces sentiments éclataient surtout dans le langage d'un prince vraiment français (¹) qui avait mieux aimé demeurer en Angleterre, loin des personnes et des événements, que de s'exposer à des froissements presque inévitables, en répondant à l'appel que lui faisait Louis XVIII de venir le rejoindre à Gand. Dans toutes ses lettres écrites de Londres, pendant les mois d'avril, de mai et de juin, adressées au prince de Talleyrand, à M. de Lally-Tollendal, à lord Wellington, à sir Charles Stuart, ambassadeur d'Angleterre à Gand, et au roi lui-même, Louis-Philippe d'Orléans, le futur roi des Français, manifeste dans un langage patriotique l'aversion qu'il éprouve pour tout

(¹) « ... S'il se trouvait, comme j'en ai presque crainte, que je ne crusse pouvoir entreprendre ce dont Votre Majesté peut avoir l'intention de me charger, il deviendrait alors bien plus pénible pour moi d'être obligé de m'é'oigner d'Elle que de continuer à vivre dans la retraite où je suis aujourd'hui. » (Lettre du duc d'Orléans au roi Louis XVIII, du 17 mai.) *Mon journal*, par Louis-Philippe d'Orléans, vol. II, p. 40.

ce qui pourrait ressembler à un recommen-
cement de l'émigration (¹) en mêlant des corps
français à des armées étrangères, et sa douleur
de la *cruelle extrémité* de devoir à celles-ci le
renversement de Bonaparte.

Ces divergences d'opinions dans l'entourage
du roi ne percent pas, toutefois, dans le *Journal universel,* où la haine de Bonaparte l'em-
porte sur toute autre considération, et conduit
à des violences de langage qui touchent à
l'extravagance. On y lit par exemple : " Tout
" en France marche à grands pas vers la
" Terreur... La première Terreur n'a pas
" commencé non plus par les plus grands
" crimes; on a d'abord brûlé des châteaux,

(¹) Sir Charles Stuart abondait dans le même sens en
répondant au duc d'Orléans (lettre du 13 juin) : " Je con-
" viens que Gand me rappelle Coblentz, et que l'armée
" d'Alost est une armée de Condé. Aussi je crois que
" l'un et l'autre ne feront que du tort à la cause du
" roi. Le choix des anciens serviteurs pour ministres et
" les choix dont les recommandations sont leurs titres de
" noblesse, offrent précisément les inconvénients qu'il
" fallait éviter. "

« fait des lois comminatoires, des listes d'émi-
« grés, avant de couvrir la France de prisons
« et d'échafauds. Au reste, tout se tient dans
« ce vaste système d'avilissement et d'épou-
« vante qui pèse sur la France. La lie de la
« nation est de nouveau soulevée contre le
« rang, la naissance, la religion, la propriété.
« L'*empereur* passe en revue ces faubourgs de
« honteuse et exécrable mémoire, l'armée de
« Robespierre et de Marat; l'*empereur* les
« attire, les flatte, les accueille .. Celui qui
« naguère encore essayait de traiter avec les
« rois, d'égal à égal, recommence les orgies
« démagogiques qui ont précédé le 10 août,
« et *Napoléon le Grand* prend la place de
« Santerre, à la tête des faubourgs Saint-
« Antoine et Saint-Marceaux.

Cette virulence de langage est habituelle au
Journal universel. Lorsqu'il parle de *Buona-
parte*, c'est toujours *Genséric, Attila, flibustier
à la fois ingrat, parjure et féroce*, et autres
expressions aussi acerbes.

Indépendamment des actes officiels, des

déclarations du gouvernement royal, des
articles de polémique et des bulletins de la
cour, une place importante était réservée
dans le *Journal universel* aux nouvelles inté-
rieures de France, qui tendaient naturelle-
ment à montrer le discrédit croissant du gouvernement impérial, ainsi qu'aux faits de
l'étranger : traités, actes diplomatiques, arme-
ments et marches de troupes, préparant la
catastrophe finale de l'empire. Cette partie
étrangère était traitée avec soin. Les infor-
mations intéressantes n'y manquaient pas,
surtout en ce qui concernait la politique du
gouvernement britannique et les débats du
Parlement. La cour de Gand était tenue fort
au courant de ce qui se passait à Londres par
le comte de la Châtre, qui continuait à repré-
senter le roi auprès du cabinet de Saint-James.
La place n'était pas ménagée dans le *Journal
universel* à un sujet qui tenait fort à cœur à
Louis XVIII : les vicissitudes de l'entreprise
de Murat pour soulever l'Italie, entreprise
qui se termina d'une manière fatale pour son

auteur le 19 mai 1815, lorsqu'il dut quitter en toute hâte Naples pour se réfugier à Toulon.

Le *Journal universel* n'insérait pas d'avis de spectacle ni d'annonces (¹). Dans sa partie financière, il se contentait de donner le cours du cinq pour cent consolidé, à la Bourse de Paris, cours qui oscilla, pendant les Cent Jours, entre 55 et 59 francs, et celui des actions

(¹) Il faut chercher dans le *Journal de Gand* le programme des représentations du théâtre de la ville sous la direction des sieurs Leroux et Malevigne. On y voit que le 8 avril, il se composait de *Montano et Stéphanie* et de *Raoul de Créquy*, et les directeurs annonçaient que « vu la présence des illustres personnages en cette ville, la salle sera décorée et éclairée en bougies ». Le 18 juin, jour de la bataille de Waterloo, on donnait *Joconde ou les coureurs d'aventures*. M. Beugnot se plaint de la médiocrité de la troupe. Il n'y avait, parmi les Français, de spectateur assidu que le fameux Père Élisée, moine plus ou moins défroqué, chirurgien de Louis XVIII, « qui, dit le comte Beugnot, pour l'honneur de son goût ou pour tout autre motif, passait beaucoup plus de temps dans les coulisses que dans l'intérieur de la salle ». Mᵐᵉ Catalani se fit également entendre au théâtre, où l'on éleva pour elle le prix des premières places à neuf francs, ce qui était exorbitant pour l'époque.

de la Banque de France, qui varia entre 750 et 800 francs.

Le *Journal universel* n'avait point de partie littéraire. Cependant, il sacrifia une fois aux Muses, comme on disait encore à cette époque, et ce fut Louis XVIII lui-même qui sema des vers au milieu de la grave prose de la feuille officielle. Ce n'est pas en traduisant les *Odes* d'Horace, ni dans le commerce de Ducis, qui avait été le secrétaire de ses commandements, que le prince trouva l'inspiration qui lui fit écrire les vers suivants, imprimés dans le *Journal universel* du 23 mai.

LES MOUCHOIRS BLANCS.

Anecdote historique.

Pourquoi ne pas faire pour moi
Ce que l'on ferait pour le roi?
Disait Napoléon à la cour qui l'adore,
Autant qu'elle-même on l'honore.
Lorsque Louis sortait, on dit que dans Paris
Des mains blanches comme des lis,
Agitant des mouchoirs qui l'étaient plus encore,
Interprètes muets de joie et de candeur,
D'un sexe aimant signalaient le bonheur.

Moi je n'ai pas la petitesse
De prendre en haine une couleur.
D'une main, d'un mouchoir l'éclatante blancheur,
N'a rien, dans le fond, qui me blesse.
J'accepterais, en empereur,
Cette innocente politesse.
Sire, lui répondit un courtisan matois,
Je ne vois là rien qui m'étonne.
Tous les droits de Louis, la France vous les donne,
Mais chacun sait qu'on disait autrefois :
Sur qui n'a rien le roi n'a plus de droits ;
Et tout bonnement je soupçonne
Les dames, dont le cœur chérit votre personne,
De se moucher avec leurs doigts.

On a essayé de mettre en doute que le *Journal universel* fût un organe officiel proprement dit. Le duc d'Orléans, plus tard le roi Louis-Philippe, exprime l'opinion (¹) " qu'aucun
" acte légal, aucune notification quelconque
" n'a jamais donné au *Journal universel* un
" caractère officiel quelconque, et que, par
" conséquent, quoiqu'on doive croire à l'au-
" thenticité des documents qu'il publiait, ce-
" pendant il n'a jamais pu être considéré
" *que comme une simple gazette* ". C'est là, à

(¹) *Mon journal*, vol. II, *Appendice*, p. 185.

notre sens, une manière de voir trop absolue.

M. de Jaucourt, ministre des affaires étrangères de Louis XVIII, a défini le véritable
caractère que le gouvernement royal attachait
à cette publication, dans une lettre-circulaire
qu'il adressa aux divers agents diplomatiques
du roi à l'étranger, à la date du 19 mai 1815,
et dont nous trouvons le texte dans les
Mémoires de M. de Bourrienne, alors accrédité à Hambourg (¹) : « Plusieurs ministres du
« roi m'ont demandé avec instance d'être
« tenus au courant des événements et de rece-
« voir des instructions fréquentes, dans les
« circonstances actuelles. Cependant, le chaos
« des événements, le désir du roi de faire con-
« naître lui-même ses intentions envers ses
« peuples... ont dû, dans les premiers temps,
« ralentir ma correspondance et m'imposer
« une certaine réserve. J'y ai suppléé par
« l'envoi du *Journal universel*, qui paraît ici
« sous les yeux du gouvernement, et qui suffi-

(¹) *Mémoires de M. de Bourrienne*, t. X, p. 347
à 349.

« sait provisoirement pour vous informer des
« faits les plus importants et pour vous trans-
« mettre les notions les plus authentiques
« sur le véritable état de la France...

« P.-S. Je crois devoir vous faire remarquer
« que le *Journal universel*, quoique rédigé
« dans le lieu de la résidence du gouvernement
« et, en quelque sorte, sous ses yeux, ne doit
« pas cependant être regardé comme officiel
« dans toutes ses parties ; ses articles se ressen-
« tent plus ou moins de la manière de voir
« individuelle de l'écrivain, et le gouvernement
« ne saurait se rendre garant de toutes les
« nuances d'opinions qu'on y énonce ; dans la
« position délicate où nous nous trouvons, il
« m'a paru convenable de faire ces observa-
« tions. »

Cette réserve pouvait être commandée, en
effet, par la situation de Louis XVIII ; mais il
n'est pas moins vrai que le roi avait la haute
main sur la direction et la rédaction du *Journal universel*, et que rien n'y passait qui ne
fût autorisé ou approuvé par lui. « *J'ai l'hon-*

neur de vous envoyer ", avait écrit M. de Jaucourt à M. de Talleyrand dès le début de la
publication (23 avril), " *plusieurs exemplaires
d'un journal que* NOUS *faisons paraître sous le
titre de* Journal universel ".

Malgré cette attache officielle, le journal
était médiocremen goûté à Vienne, dans les
milieux diplomatiques, et on le disait ouvertement.

Le prince de Talleyrand écrivait à M. de
Jaucourt le 6 mai : " Je reçois ici votre *Jour-*
" *nal universel* (n°s 3 et 4). Je vous prie de faire
" observer aux personnes qui le rédigent que
" tous les articles doivent être écrits avec
" beaucoup plus d'art et de réflexion, soit
" quant au fond des choses, soit quant aux
" expressions. Cette remarque tombe aujour-
" d'hui sur le mot *nationaliser*, qui est un peu
" durement fixé (¹). L'empereur de Russie, à

(¹) Dans la réponse du *Journal universel* aux observations du *Journal de l'Empire*, au sujet de la déclaration
du Congrès de Vienne, du 13 mars, on lisait (nº du 21 avril) :
" Est-ce que, dans le néologisme révolutionnaire, *nationaliser* et *septembriser* se toucheraient ? "

« qui vous désirez de plaire, se sert constam-
« ment de cette expression, soit dans ses con-
« versations, soit dans les actes qui émanent
« de lui, et, hier, ce qui l'entourait s'est montré
« choqué de la manière dont on cherchait à
« flétrir une des expressions dont il fait le
« plus d'usage... Un journal fait auprès du
« roi doit être écrit avec bien plus de précau-
« tion que les meilleurs journaux que l'on
« ferait à Paris... On ne peut pas trop
« employer de moyens pour rassurer, parce
« qu'il faut rassurer de mauvaises consciences,
« et il y en a terriblement en France. »
« (M. de Talleyrand y mettait de l'abnéga-
tion.) « Les bonnes viendront toujours. Dites
« bien à Lally de mettre toute son indignation
« en indulgence. »

M. de Talleyrand revenait encore sur ce
sujet dans une lettre du 17 mai à M. de Jaucourt. « Nous avons à vous entretenir de nou-
« veau du *Journal de Gand* (sans doute le
« *Journal universel*). *Il déplaît généralement.*
« Souvent il est injurieux, ce qui est au moins

« inutile et ordinairement nuisible. Vous
« devriez bien dire au rédacteur qu'il faut
« qu'il ait la force de ne jamais se montrer
« réacteur et, pour cela, il faut plus de force
« qu'on ne pense (¹). »

M. de Bourrienne, chargé d'affaires de
France à Hambourg, faisait paraître dans la
Gazette de cette ville des articles relatifs aux
affaires de France et qui obtenaient l'appro-
bation de Talleyrand, beaucoup plus que la
prose du *Journal universel*. « L'article que
« vous avez rédigé il y a quelque temps,
« écrivait-il à M. de Bourrienne (²), pour être
« inséré dans la *Gazette de Hambourg*, est
« excellent. Il serait bien à désirer que
« toutes les publications faites dans les diffé-
« rents journaux fussent conçues dans un
« aussi bon esprit, mais, malheureusement,
« il n'en est pas ainsi. Je vois souvent imprimer

(¹) *Correspondance inédite de Talleyrand et de
Louis XVIII*, par G. Pallain. p. 475, note.
(²) Lettre du 5 mai 1815. *Mémoires de M. de Bourrienne,*
t. X, p. 337.

« beaucoup de choses qui ne peuvent que pro-
« duire un mauvais effet. »

Talleyrand s'exprimait dans le même sens
vis-à-vis de M. de Jancourt, dans une lettre
du 17 mai (¹) : « Le journal de Bourrienne est
« beaucoup mieux fait que celui de Gand. Il
« faudrait appeler Bourrienne à Gand et lui
« faire rédiger un journal de l'Europe. Il sait
« ce qu'il faut dire pour l'Allemagne sans
« déplaire à la France. »

(¹) *Archives des affaires etrangères*, 680. Lettre citée par
M. Henri Houssaye, 1815, p. 474.

La petite presse, comme on l'entend aujourd'hui, n'existait pas en 1815; mais, sous des
formes différentes et avec de multiples transformations, elle est presque aussi ancienne que
le journal lui-même ([1]). A partir des troubles
de la Fronde, on vit paraître une multitude
de satires, de pamphlets, de libelles en vers
et en prose, plus souvent en vers, qui

([1]) EUGÈNE HATIN, *Bibliographie historique et critique
de la presse périodique française*. Paris, 1866. Introduction,
p. LXV.

n'avaient, à la vérité, qu'une durée éphémère ; mais quelques-uns de ces écrits, comme la *Muse historique*, en vers, de Loret, qui se publia de 1650 à 1665, jouirent d'une existence plus longue. Les *Nouvelles à la main* furent, au XVIIIᵉ siècle, une des manifestations de cette presse anecdotique et satirique qui devait, plus tard, se faire une place si large dans le journalisme.

Lors de la première Restauration, Cauchois-Lemaire fonda à Paris, en décembre 1814, le *Nain jaune*, dont le succès fit naître toute une famille de *Nains* (le *Nain blanc,* le *Nain couleur de rose*, le *Nain tricolore*, le *Nain vert*, le *Nain rouge*, etc.), qui ne partagèrent pas la fortune de leur aîné. Le *Nain jaune* eut un moment de vogue extraordinaire, en cherchant à couvrir de ridicule les hommes et les choses de la fin de l'Empire et du commencement du nouveau régime. C'étaient des épigrammes en prose ou en vers, des allusions qui voulaient être spirituelles et qui l'étaient, sans doute, pour l'époque, des caricatures, dont on a peine à comprendre aujourd'hui que les contemporains pussent se divertir. Les principaux rédacteurs étaient, outre Cauchois-Lemaire, Merle, Étienne, Jouy, Arnault; il y avait aussi des collaborateurs anonymes qui glissaient leurs articles dans une *bouche de fer* placée à l'entrée du bureau du journal. On dit que le *Nain jaune* inséra plus d'une fois la prose de Louis XVIII pendant la première Restauration (¹), ce qui n'empêcha pas le *Nain*

(¹) Il goûtait, dans tous les cas, ce journal. " Voici un mot du roi ", écrit M. de Jaucourt à Talleyrand, le 15 janvier 1815 (*Correspondance inédite*, etc., par M. G. Pallain, p. 470.) " : Il demandait le *Nain jaune*, quand M. le duc d'Angoulême lui dit : " Mais est-ce que Votre Majesté lit le *Nain jaune?* On dit que c'est un mauvais journal. " — " D'abord, dit le roi, il m'amuse, et puis il me dit ce que vous ne me diriez pas. " Le tour naturel d'esprit de Louis XVIII était, d'ailleurs contraire à la gravité. M. Guizot rapporte (*Mémoires*, I, p. 85) que dans l'audience qu'il eut du roi, à son arrivée de Paris, il lui raconta quelques anecdotes, quelques couplets de chansons qui attestaient gaiement le retour du sentiment royal : " Le roi s'en amusa; il se plaisait aux récits gais. " On ne se représente pas bien M. Guizot fredonnant des couplets dans une audience royale.

jaune d'être supprimé au second retour des Bourbons (¹).

De cette lignée de *Nains,* deux furent publiés à Gand pendant les Cent Jours : le *Nain blanc* et le *Nain couleur de rose.* Le *Nain blanc* (²), dont le premier numéro parut le 1ᵉʳ juin 1815, était rédigé partie en prose, partie en vers, avec plus de violence que de finesse. Voici un échantillon de la partie poétique :

> Dans un chaudron, sur un feu très ardent,
> Mettez Davoust et l'insigne Bertrand,
> Saignez-y Ney, et sans plus d'artifice,
> Mettez avec le chef de la police (Rovigo);
> Le tout bouilli, passez bien cette liqueur ;
> Vous aurez le vinaigre des *quatre voleurs.*

(¹) Cauchois-Lemaire s'établit alors en Belgique, où il publia successivement les *Fantaisies morales, critiques et littéraires,* et le *Nain jaune réfugié.*

(²) L'éditeur du *Nain blanc* était J.-B. Robert, ancien avocat au Parlement de Normandie, qui avait suivi Louis XVIII à Gand. Au retour du roi à Paris, il y continua le journal sous le titre de *Nain blanc et Nouvelles de la cour,* qu'il abandonna ensuite pour adopter celui de *l'Ami de la royauté.*

Voici maintenant une boutade en prose :

« Lors du départ du roi, on s'était hâté de mettre sur les tours de Notre-Dame un drapeau peint aux trois couleurs dites *nationales*. Dès le lendemain, il était blanc comme la neige. Les brouillards et la pluie avaient lavé les *taches* de la toile. »

Ce n'est pas d'un esprit très délicat, et on fait mieux aujourd'hui, même chez les décadents de la satire politique.

Le *Nain couleur de rose ou le Passe-temps des fidèles, recueil politique, moral et littéraire,* avait adopté pour devise :

> Le roi ! le roi !
> C'est le cri de la France.

Il devait paraître trois fois par semaine, mais il n'eut qu'un seul numéro qui fut publié le 18 juin 1815, jour de la bataille de Waterloo (¹).

(¹) *Le Nain couleur de rose* était publié par Houdin, éditeur du *Journal universel*. Ce recueil est extrêmement rare ; les détails que nous donnons sont empruntés à un article de M. Prosper Claeys, dans le *Messager des sciences historiques de Belgique,* t. LXVIII, année 1894.

Ce recueil affichait u. 'on beaucoup plus modéré que le *Nain blanc*. prose et ses vers ont une odeur, un peu é. d'ancien régime. On en jugera par ce qui s. : « Depuis « que Sa Majesté Très Chrétienne a fait sa « résidence à Gand, cette belle ville est « devenue tout à coup un autre Paris. Nos « jeunes militaires y ont apporté les usages, « les goûts mêmes de la capitale, et je ne « serais pas surpris qu'il se fît à Gand, pour « le moins, tout autant d'aimables folies qu'à « Paris. «

Voici une boutade un peu plus vive : « Sais-tu pourquoi, disait une poissarde à sa commère, depuis le 20 mars, le pain est renchéri et la viande diminué ? — Dame, c'est tout simple, répondit l'autre, c'est que le boulanger est parti et que le boucher est revenu. «

Quant aux vers, ils sont de l'école de Dorat. comme l'indiquent les titres de quelques-unes des poésies : *Stances sur le retour des Bourbons, Prenez-la tous* (la cocarde blanche), *Tout pour elle* (la duchesse d'Angoulême).

Les poètes, sinon la poésie, ne manquaient pas dans le camp royaliste. Le *Journal de Gand* publia de prétendus vers du chevalier Saint-Mathieu, chef d'escadron d'artillerie dans l'armée royale, commandée par le duc de Berry, qui débutait ainsi :

> Pars, fais éclater ta foudre, illustre Wellington...
> Cours à ce Capitole et vas briser nos fers.
> Que le tigre écumant effraie les déserts.

On faisait circuler le quatrain suivant, dans le même genre aimable :

> Prenez le sang de Robespierre,
> Les os, le crâne de Tibère,
> Et les entrailles de Néron :
> Vous aurez un Napoléon.

La poésie de Louis XVIII valait mieux.

Les bonapartistes appelaient Napoléon *Notre père la Violette*, et les royalistes nommaient Louis XVIII *Notre père de Gand*. On répandit sous ce nom la chanson dont nous citerons le premier couplet, sur l'air *Rendez-moi mon écuelle de bois* :

> Quel est l'auteur de tous nos malheurs?
> Ce n'est pas notre père.

> Qui remplit l'univers de frayeurs?
> Ce n'est pas notre père.
> Quel est celui qui comme un brigand
> A parcouru, ravagé la terre?
> Ce n'est pas notre père
> De Gand.
> Ce n'est pas notre père.

Pour terminer, voici une *Oraison dominicale,* d'une orthodoxie assez risquée, qui circulait parmi les fidèles du roi :

« Notre père qui êtes à Gand, que votre nom soit assuré, que votre règne nous arrive, que votre volonté soit faite en France comme ailleurs. Rendez-nous notre pain quotidien. Pardonnez-nous nos offenses comme nous pardonnons à l'armée de vous avoir outragé. Et ne nous laissez succomber sous la tyrannie du brigand. Mais délivrez-nous de son exécrable personne. Ainsi soit-il. » — *Vive le Roi!*

Louis XVIII partit de Gand, le 22 juin,
pour rentrer en France, par Grammont et
Mons. L'avant-veille, il y avait eu, à l'hôtel
d'Hane de Steenhuyse, un grand dîner où le
roi avait dit au maréchal Victor, duc de Bel-
lune, ces paroles que peut seule expliquer
l'exaltation du moment [1] :

« Monsieur le maréchal, jamais je n'ai bu
au succès des alliés avant la Restauration ;
leur cause était juste, mais j'ignorais leurs

[1] *Journal universel*, du 21 juin 1815, n° 20, p. 82.

desseins sur la France. Aujourd'hui qu'ils sont les alliés de ma couronne, qu'ils combattent non des Français, mais des bonapartistes, qu'ils se dévouent si noblement pour la délivrance de nos peuples et le repos du monde, nous pouvons saluer la victoire sans cesser d'être Français. "

Deux hommes, qui étaient comme les répondants de la patrie française à Gand, parlaient un langage plus digne.

On connaît la page émouvante où Chateaubriaud raconte que, sorti de Gand, dans la journée du 18 juin, pour faire une premenade sur la route de Bruxelles, il entend au loin des roulements sourds et confus, qu'il prend d'abord pour les bruits d'un orage, et qui sont les détonations de l'artillerie. " Cette " grande bataille dont j'écoutais les échos au " pied d'un peuplier, et dont une horloge de " village venait de sonner les funérailles incon- " nues, était la bataille de Waterloo... " Reprenant une pensée qu'il avait déjà expri-

mée, et à laquelle l'anxiété de l'heure pré-
sente donnait un accent pénétrant. « Quel était
« ce combat?... Le monde, comme la robe
« du Christ, était-il jeté au sort? Bien qu'un
« succès de Napoléon m'ouvrit un exil éter-
« nel, la patrie l'emportait en ce moment
« dans mon cœur; mes vœux étaient pour
« l'oppresseur, s'il devait, en sauvant notre
« honneur, nous arracher à la domination
« étrangère. »

A la Bibliothèque de Gand se trouve
déposé un registre où plusieurs de ceux qui
la visitèrent, pendant les Cent-Jours, ont
inscrit quelques mots à la suite de leur nom.
M. Guizot, qui fut parmi ces visiteurs, accompagna sa signature de cet adage: *Patriæ totus
et ubique*.

DU MÊME AUTEUR

—

ÉTUDES

SUR

LA PROPRIÉTÉ ARTISTIQUE

ET LITTÉRAIRE

Un volume in-8°. Bruxelles et Paris 1894.

———

DES BELLIGÉRANTS

ET

DES PRISONNIERS DE GUERRE

Un volume in-8°. Bruxelles et Paris 1895.

———

BRUXELLES. P. WEISSENBRUCH, IMPRIMEUR DU ROI.

www.ingramcontent.com/pod-product-compliance
Lightning Source LLC
Chambersburg PA
CBHW050011070726